# 머리말

"앗, 비가 내리네? 우산을 가져오지 않았는데 어쩌지?"
"난 미리 일기 예보를 보고 챙겨 왔지롱!"
수업을 마치고 집에 오려고 나왔더니 갑자기 비가 쏟아지고 있어요. 집에 전화를 해서 우산을 가져다 달라고 하고 싶지만, 마침 오늘은 집에 아무도 없을 거라고 했어요.
어린이 여러분, 어때요? 여러분에게 이런 일이 생긴다면 참 난감하겠지요? 짝꿍처럼 오늘 비가 올 거라는 걸 알고 우산을 가져왔다면 참 좋았을 텐데 말이에요.
이처럼 날씨와 우리 생활은 떼려야 뗄 수 없는

관계랍니다.
우리는 매일매일 날씨의 변화 속에 살고 있어요.
눈이 오는 날, 비가 오는 날, 바람이 부는 날, 햇볕이 쨍쨍한 날 등 매일매일 조금씩 다른 날씨를 만나고 있지요.
그런데 궁금하지 않나요?

바람은 왜 불까?
태풍은 어떻게 생길까?
구름은 어떻게 만들어질까?
눈은 어떻게 만들어질까?

여러분도 궁금하다고요?
그럼 지금부터 우리 함께 궁금증을 풀어 볼까요?
자, 준비되었나요? 출발~!

차례

1 알쏭달쏭! 날씨

- 01. 날씨란 무엇인가요? • 14
- 02. 날씨는 무엇이 만들어요? • 16
- 03. 날씨와 기후는 어떻게 다른가요? • 18
- 04. 고기압은 뭐고 저기압은 뭔가요? • 20
- 05. 기후를 바꾸는 것은 무엇인가요? • 22
- 06. 기후에도 종류가 있나요? • 24
- 07. 우리나라 날씨의 특징은 무엇인가요? • 26
- 08. 도시의 기온과 시골의 기온은 같은가요? • 28
- 09. 사람들 때문에 기후가 변하고 있다고요? • 30
- 10. 기후 변화로 어떤 일이 일어나고 있나요? • 32
- 11. 계절은 왜 변하나요? • 34
- 12. 일기 예보는 어떻게 할 수 있나요? • 36
- 13. 일기 예보는 얼마나 멀리 내다볼 수 있어요? • 38
- 14. 일기도가 뭐예요? • 40
- 15. 자연이 기후를 알려 주기도 하나요? • 42
- 16. 옛날 기후는 어떻게 알 수 있나요? • 44
- 17. 100년 전 공기도 알 수 있나요? • 46
- 18. 하루의 평균 기온이 뭐예요? • 48
- 19. 여름이면 자주 듣는 불쾌지수가 뭐예요? • 50
- 20. 날씨와 건강과 관계가 있나요? • 52

2 불어라! 바람과 태풍

21. 바람은 왜 부나요? · 56
22. 바람의 빠르기를 나눌 수 있나요? · 58
23. 낮과 밤에 따라 바람의 방향이 다르다고요? · 60
24. 바람으로 에너지를 얻을 수 있나요? · 62
25. 바람이 세게 불 때 왜 소리가 나나요? · 64
26. 황사가 뭐예요? · 66
27. '푄'은 어떤 바람인가요? · 68
28. 높새바람이 뭔가요? · 70
29. 산곡풍이 뭐예요? · 72
30. 우리나라에서 바람을 어떻게 부르나요? · 74
31. 바람의 방향으로 날씨를 알 수 있나요? · 76
32. 제트 기류가 뭔가요? · 78
33. 태풍이 뭐예요? · 80
34. 태풍은 어떻게 생기나요? · 82
35. 태풍의 에너지는 얼마나 되나요? · 84
36. 태풍의 눈이 뭐예요? · 86
37. 태풍의 이름은 어떻게 짓나요? · 88
38. 태풍이 필요하다고요? · 90
39. 토네이도가 뭐예요? · 92
40. 토네이도는 어디서 생기나요? · 94
41. 토네이도가 많이 발생하는 곳이 있나요? · 96

3 물방울 알갱이! 구름과 안개, 이슬과 서리

42. 수증기가 뭐예요? · 100
43. 구름은 어떻게 만들어지나요? · 102
44. 구름이 만들어지려면 먼지가 필요하다고요? · 104
45. 구름은 어디에 많이 생기나요? · 106
46. 구름에도 종류가 있나요? · 108
47. 구름은 왜 색깔이 다른가요? · 110
48. 구름의 무게는 얼마나 될까요? · 112
49. 안개가 뭐예요? · 114
50. 안개는 어떻게 만들어지나요? · 116
51. 아침에 안개가 짙게 끼면 왜 날이 맑나요? · 118
52. 스모그는 뭔가요? · 120
53. 산성 안개가 뭐예요? · 122
54. 안개는 왜 강가에 더 짙게 끼나요? · 124
55. 이슬은 어떻게 만들어지나요? · 126
56. 서리는 어떻게 만들어지나요? · 128
57. 서리와 서릿발은 같은 건가요? · 130
58. 이슬과 서리는 언제 잘 만들어지나요? · 132

4 쏟아져라! 비와 눈, 우박, 장마

59. 비는 어떻게 만들어지나요? • **136**
60. 빗방울의 크기와 떨어지는 속도는 다른가요? • **138**
61. 비도 종류가 있나요? • **140**
62. 산성비는 뭔가요? • **142**
63. 사람이 비를 내리게 할 수도 있나요? • **144**
64. 우리나라에서 일 년 동안 내리는 비의 양은 얼마나 되나요? • **146**
65. 비가 온 양은 어떻게 재나요? • **148**
66. 비가 그치면 왜 무지개가 생기나요? • **150**
67. 장마가 뭐예요? • **152**
68. 가뭄이 뭐예요? • **154**
69. 번개는 왜 치나요? • **156**
70. 벼락이 칠 때 어떻게 해야 하나요? • **158**
71. 천둥은 왜 치나요? • **160**
72. 눈은 어떻게 만들어지나요? • **162**
73. 눈은 왜 겨울에만 내리나요? • **164**
74. 눈도 모양이 있나요? • **166**
75. 눈에 따라 이름이 다를 수도 있나요? • **168**
76. 인공 눈은 어떻게 만드나요? • **170**
77. 우박은 어떻게 만들어지나요? • **172**

1 알쏭달쏭! 날씨

날씨는 무엇이 만드는 걸까요?
날씨를 왜 미리 알려고 하나요?
날씨는 무엇이고 기후는 무엇인가요?
알쏭달쏭한 날씨 속으로 들어가 볼까요?

01 날씨란 무엇인가요?

날씨가 뭐냐고요? 날씨는 춥고 덥고,
흐리고 맑고, 비가 오고 눈이 오고,
안개가 끼고, 천둥과 번개가 치고, 폭풍이 불고,
가뭄이 들고, 홍수가 지는 등 지구에서
일어나는 자연 현상을 말해요.
날씨는 지구의 모든 지역이 똑같지는 않아요.
어느 지역은 덥기만 하고, 어떤 지역은 일 년 내내
춥기만 해요. 또 어느 곳은 비가 오지 않아
가뭄이 들고, 어떤 지역은 홍수가 나기도 해요.
하지만 분명한 것은 세계 모든
사람들은 매일매일 변하는 날씨
속에서 살고 있다는 점이에요.

02 날씨는 무엇이 만들어요?

"비가 너무 많이 와서 도로가 물에 잠겼대."
"누가 날씨를 만드는 걸까? 비 좀 그만 내리라고
부탁하고 싶어."
며칠 동안 비가 쏟아진다면 이런 말이
절로 나올 거예요.
날씨를 만드는 것은 태양과 공기와 물,
이 세 가지예요. 태양이 빛을 비추면 햇빛을 많이
받은 곳은 더운 공기가 생기고, 그렇지 않은 곳은
차가운 공기가 생겨요. 공기의 온도에 차이가

생기면 더운 공기는 차가운 공기 쪽으로 움직여요.
이렇게 공기가 움직이는 것이 바람이랍니다.
또 햇빛이 비쳐 바닷물이 따뜻해지면 증발 현상이
일어나 수증기가 하늘로 올라가지요. 하늘로
올라간 수증기들은 모이고 모여 커다란 덩어리를
이루는데, 바로 구름이랍니다.
수증기가 많이 모여 물 알갱이가 커진 구름은
하늘에 떠 있지 못하고
아래로 떨어지게 되는데,
이것이 바로 비예요.
어때요? 날씨를 만드는
삼총사가 왜 태양,
공기, 물인지 이제
알겠지요?

03 날씨와 기후는 어떻게 다른가요?

날씨란 덥거나 춥거나, 흐리거나 개거나, 바람이 불거나, 비나 눈이 내리는 등 매일매일 일어나는 기상 상태를 말해요. 우리는 그날의 날씨에 따라 옷을 얇게 입거나 두껍게 입어요. 또 비가 올 때를 대비해 우산을 준비하지요. 사람들은 내일의 날씨를 미리 알기 위해 일기 예보를 봐요.

기후는 어떤 지역에서 매년 나타나는 날씨를 말해요. 쉽게 말해서 우리나라는 봄이면 바람이 불고 따뜻하고, 여름이면 무덥고 장마가 지며,

가을이면 서늘한 바람이 불고, 겨울이면 춥고 눈이 내려요. 해마다 봄·여름·가을·겨울마다 반복되는 이러한 특징들을 기후라고 해요.

04 고기압은 뭐고 저기압은 뭔가요?

우리가 살고 있는 지구는 공기가 둘러싸고 있어요. 눈에 보이지 않는 이 공기를 어려운 말로 대기라고 하지요. 믿을 수 없겠지만 공기도 무게가 있어요. 그래서 누르는 힘을 가지고 있지요. 이를 기압이라고 해요.

공기가 많이 모여 있는 곳은 누르는 힘이 높아지게 되는데, 이를 고기압이라고 해요. 반대로 공기가 적은 곳은 누르는 힘이 낮아지게 되는데, 이를 저기압이라고 해요.
고기압과 저기압이 생기는 이유는 하늘에 떠 있는 태양 때문이에요.

햇빛을 많이 받아 기온이 높아진 공기는 하늘로
올라가게 돼요. 기온이 높아진 공기가
하늘로 올라가고 나면 그 빈자리는
기압이 낮아져 저기압이 돼요.
반대로 하늘로 올라갔던 공기가
하늘에서 차갑게 식어 다시 저기압인
곳으로 모이게 되면 공기가
많아져 다시 고기압이 돼요.
이처럼 공기는 잠시도
쉬지 않고 움직이면서
고기압과 저기압을
만든답니다.

저기압

공기

05 기후를 바꾸는 것은 무엇인가요?

우리나라는 여름이 되면 어김없이 햇볕이 쨍쨍 내리쬐고, 겨울이면 춥고 눈이 내려요. 그래서 해마다 기후가 똑같은 것 같지요? 하지만 그렇지 않아요.

기후는 시간이 지남에 따라 조금씩 변하고 있어요. 실제로 남극 대륙은 1940년 이후 기온이 2.5도나 더 높아졌어요.

기후를 바꾸는 데 가장 큰 영향을 주는 것은 바닷물이에요. 바닷물은 햇볕을 받으면 천천히 뜨거워지고 또 천천히 식어요.

그래서 여름이면 더운 공기를
식히고, 겨울에는 바다 근처의
찬 공기를 따뜻하게 데워 주지요.
특히 뜨거운 열을 받는 적도 지방의 바닷물이
햇빛을 적게 받는 남극과 북극으로 흘러 이곳의
기온을 따뜻하게 한답니다.
한마디로 바닷물의 상태에 따라 공기 중의 열과
습기가 움직이기 때문에
기후가 변하게 되는
거랍니다.

06 기후에도 종류가 있나요?

지구는 아시아, 아프리카, 유럽, 아메리카, 오세아니아 등 다섯 개의 큰 대륙으로 나뉘어 있어요. 이 다섯 대륙 안에 여러 나라가 모여 있는 거랍니다.

다섯 대륙은 서로 다른 지역에 위치하고 있어 기후도 서로 달라요. 어떤 지역은 일 년 내내 춥기만 하고, 어떤 지역은 뜨거운 햇볕만 쨍쨍 내리쬐고 비는 잘 오지 않지요.

세계의 기후는 크게 열대 기후, 건조 기후, 온대 기후, 냉대 기후, 한대 기후, 고산 기후로 나뉘어요.

열대 기후는 일 년 내내 무덥고 비

〈온대 기후〉

〈한대 기후〉

가 많이 오는 기후예요.

건조 기후는 일 년 내내 비가 적게 오고, 내린 비도 금방 말라 버려 늘 건조한 기후예요.

온대 기후는 사계절이 뚜렷하고 비가 적당히 내리는 기후예요.

냉대 기후는 가장 따뜻한 달의 평균 기온이 10도가 넘지만, 가장 추운 달의 평균 기온은 영하 3도 아래로 내려가는 기후예요.

〈열대 기후〉

한대 기후는 가장 따뜻한 때에도 평균 기온이 10도 이하로 내려가는 기후로, 땅속 깊은 곳까지 꽁꽁 얼어 붙는 기후예요.

고산 기후는 알프스, 안데스 산지와 같은 높은 산지에 나타나는 서늘한 기후를 말한답니다.

〈건조 기후〉

07 우리나라 날씨의 특징은 무엇인가요?

우리나라는 온대 기후와 냉대 기후 지역에 속하기 때문에 봄·여름·가을·겨울 사계절의 구분이 뚜렷해요. 그래서 사계절마다 날씨의 특징이 분명히 나타난답니다.

봄이 오면 겨우내 얼었던 땅이 녹고 점점 따뜻해져요. 하지만 갑자기 겨울처럼 추운 꽃샘추위가 몰려오기도 해요. 중국에서 황사가 불어오고, 낮과 밤의 기온차가 크고 건조해요.

여름에는 기온이 높고 습기가 많은 무더운 날씨가 나타나요. 낮에는 30도가 넘고 밤에도 기온이 25도를 넘는 날이 많아요.

6월 말에서 7월 말까지는
장마 기간으로 비가 많이 내려요.
장마 기간이 지나면 강한 햇볕이
내리쬐고 갑자기 소나기가
내리기도 하지요.
가을에는 한낮엔 햇볕이 따갑지만
밤이 되면 바람이 선선해요.
비는 적어지고 습도도 낮아져 맑은
날씨가 나타나요.
겨울에는 차갑고 건조한 바람이 불어요.
갑자기 기온이 뚝 떨어져 춥다가 기온이
조금 올라가 추위가 풀리는 날들이
반복되어요. 강원도, 서해안
지방에는 눈이 많이 내려요.

08 도시의 기온과 시골의 기온은 같은가요?

시골은 들판에 논과 밭이 있고 마을도 크지 않아요. 하지만 도시는 도로 위에 차들이 싱싱 달리고, 공장이나 빌딩이 즐비하지요. 이러한 차이 때문에 시골과 도시는 밤 기온이 달라요. 도시는 아스팔트와 빌딩이 낮 동안 빨아들인 열 때문에 밤에도 기온이 크게 내려가지 않아요. 또 자동차와 공장, 가정에서 열을 뿜어내어 도시 전체에 열기가 가득하지요. 하지만 시골은 이러한 요인이 적어 도시보다 밤 기온이 낮아요. 깊은 밤에 밖에 있으면 좀 쌀쌀함을 느낄 정도랍니다.

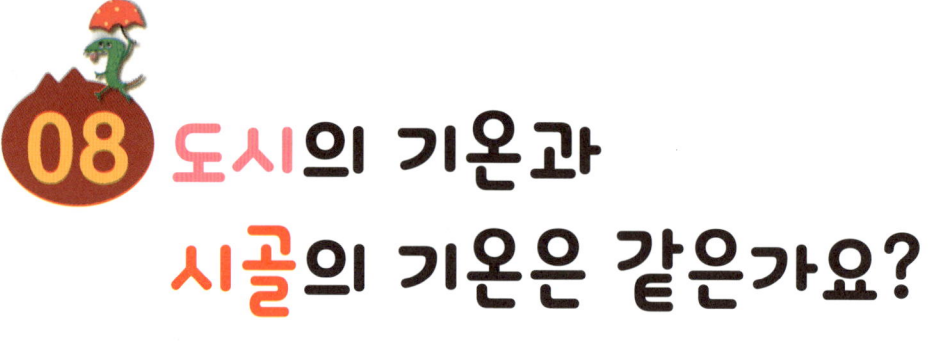

09 사람들 때문에 기후가 변하고 있다고요?

지구는 옛날보다 더워졌어요. 매일 조금씩 온도가 높아지고 있기 때문이에요. 왜 그럴까요?
전 세계적으로 매년 숲이 사라져가고, 공기 중에 석유와 석탄 등의 연료에서 나오는 이산화탄소의 양이 많아졌기 때문이에요. 또 냉장고, 에어컨 등에 들어가는 프레온 가스가 공기 중에 많기 때문이에요. 거기다 공기 중에 떠 있는 수증기의 양도 예전보다 많아졌어요.

이산화탄소, 프레온 가스, 공기 중에 있는 수증기 등은 지구에 차 있는 열을 빠져나가지 못하도록 붙잡는 성질이 있어요. 그래서 지구의 온도가 점점 높아지고 있답니다.

이것을 '지구 온난화'라고 하는데, 이 온난화로 기후가 변하고 있어요.

10 기후 변화로 어떤 일이 일어나고 있나요?

지구 온난화는 기후를 변화시켜요. 그리하여 세계 곳곳에서 폭설이 내리거나 가뭄과 홍수가 나타나는 등 기상 이변이 일어나고 있어요. 방글라데시 같은 곳에서는 해마다 엄청난 양의 비가 쏟아져서 홍수가 발생하고 있으며, 수단이나 에티오피아에서는 극심한 가뭄으로 나라 전체가 사막으로 변하고 있어요. 2005년 미국 뉴올리언스는 허리케인 '카트리나'가 몰아쳐 도시가 쑥대밭이 되었고, 2003년 8월 프랑스에서는 노인 1만 5천 명이 사망할 정도로 극심한 더위가 찾아왔어요. 우리나라도 점점 봄은 짧고 여름은 무척 덥고 겨울은 그다지 춥지 않은 아열대 기후로 변하고 있답니다.

11 계절은 왜 변하나요?

무더운 여름도 몇 개월 뒤에는 서늘한 바람과
울긋불긋 예쁜 단풍이 드는 가을에 밀려나게 돼요.
찬바람 싱싱 불고 꽁꽁 얼음이 어는 겨울도
따뜻한 봄바람에 어디론가 사라지고요. 바로
계절이 변하는 거지요. 봄이 지나고 여름이 오고
가을이 오면 얼마 뒤 겨울이 오지요.
일 년 동안 규칙적으로 나타나는 기온의 차이를
기준으로 봄·여름·가을·겨울로 나눈 것을
계절이라고 해요. 무더운 열대 지방에서는 비가
오는 강우량을 기준으로 비가 거의 오지 않는
건기와 비가 많이 오는 우기로 나누어요.
계절이 변하는 것은 지구가 스스로 하루에
한 바퀴씩 돌면서 태양 주위를 돌기 때문에 생
겨요. 지구가 태양 주위를 한 바퀴 도는 데 걸리는

시간은 딱 1년이에요. 1년 동안 태양 주위를 돌다 보면 어느 때는 태양빛을 많이 받지만 어느 때는 적게 받게 돼요. 또 태양빛을 받는 시간이 긴 때도 있지만 짧게 받는 때도 있지요. 이 때문에 따뜻한 봄이 오고, 더운 여름이 오는 등 계절이 바뀌는 거랍니다.

12 일기 예보는 어떻게 할 수 있나요?

"앗, 비가 오네? 우산을 가져 오지 않았는데 어쩌지?"
"하하하, 나는 우산 가져 왔지롱!"
이렇게 황당한 일을 겪지 않으려면 미리 일기 예보를 보아야겠지요?
일기 예보는 기압, 바람, 온도, 습도 등의 변화를 관측해서 앞으로의 날씨가 어떨지 알려 주는 거예요.
일기 예보를 하려면 날씨를 미리 예측할 수 있는

자료가 필요해요. 날씨 자료를 얻기 위해 여러 지역에 날씨 관측소가 있어요. 이곳에서 기압, 바람, 온도, 습도 등의 변화를 관측해요. 또 하늘에서는 인공위성이 지구 주위를 돌면서 퍼져 있는 구름의 양이나 위치를 관측해서 자료를 보내오고 있어요. 또 바다에서는 '부이'라는 해양 기상 관측 기계가 파도의 높이, 바람, 습도, 기압, 바닷물의 온도 등을 관측해요. 이러한 자료들은 기상청의 중앙 컴퓨터로 보내지고, 중앙 컴퓨터는 받은 자료들을 분석하여 앞으로의 날씨가 어떠할지 예상하게 된답니다.

13 일기 예보는 얼마나 멀리 내다볼 수 있어요?

"내일의 날씨를 알려 드리겠습니다."
텔레비전에서 일기 예보를 본 적 있지요? 그런데 일기 예보는 내일의 날씨만 알 수 있는 걸까요?
일기 예보는 다음 날부터 5일간의 날씨도 알 수 있어요. 그뿐이 아니에요. 앞으로 한 달 동안의 날씨, 3개월 동안의 날씨, 6개월(6월~11월, 12월~이듬해 5월) 동안의 날씨도 알 수 있어요.
하지만 일기 예보가 언제나 딱 맞지는 않아요. 특히 우리나라는 중국과 닿아 있는 북쪽을 빼면 삼면이 바다로 둘러싸여 있어 대륙과 바다의 영향을 동시에 받아요. 그래서 온도, 바람, 습도, 기압 등의 변화가 심해 정확한 일기 예보를 하기가 쉽지 않답니다.

14 일기도가 뭐예요?

일기도는 날씨 상태가 어떠한지 기호와 숫자 등을 이용해서 나타낸 그림이에요. 기호는 바람의 속도와 불어오는 방향, 기압, 기온, 구름의 양 등 날씨를 구성하는 것들을 나타내고 있어요. 기압이 같은 곳은 구불구불한 선으로 연결하여 나타내는데, 이것을 등압선이라고 해요. 고기압은 '고', 저기압은 '저'로 표시하지요. 등압선의 간격이 좁으면 바람이 세게 분다는 뜻이고, 간격이 넓으면 바람이 약하게 분다는 뜻이에요.

텔레비전에서 일기 예보를 본다고요? 그러면 일기도를 눈여겨보아 주세요. 그러면 어느 지역이 고기압인지 저기압인지, 바람은 세게 부는지 그렇지 않은지, 날씨가 맑은지 흐린지 알 수 있답니다.

15 자연이 기후를 알려 주기도 하나요?

동물들의 감각은 사람보다 훨씬 더 예민해요. 그래서 날씨의 변화에 따라 특이한 행동을 한답니다. 특히 개미, 황새, 제비 등은 다른 동물보다 기압의 변화에 예민해 사람보다 먼저 기압 변화를 느끼고 특이한 행동을 하지요. 어떤 행동을 하느냐고요? 제비는 비가 오기 전이면 하늘을 낮게 날아요. 이유는 기압이 낮아지면 제비가 잡아먹는 곤충들이 낮게 날아다니기 때문이랍니다.

비 오거든~.

또 기압이 낮아져
비가 올듯하면 개미는
자기 집 구멍을 막거나 이사를 해요.
개구리는 장마가 질듯하면 처마
밑으로 들어오고요.
동물 못지않게 식물들도 기후를 알려 주어요.
가을이 깊어지면 나뭇잎은 울긋불긋 단풍이 들어
곧 추운 겨울이 올 거라는 것을 알려 준답니다.

비가 올 거야.
얼른 집 구멍을
막자!

16 옛날 기후는 어떻게 알 수 있나요?

지금의 기후는 위공위성이나 여러 지역에 설치해 놓은 기상관측소 등에서 보내오는 자료를 보고 알 수 있다고 했어요. 그럼 아주 옛날의 기후는 무엇을 보고 알 수 있을까요?

옛날의 기후는 동물이나 식물의 화석을 보고 알 수 있어요. 화석을 보고 동물이나 식물이 어떻게 기후에 적응해 살았는지 밝혀내면 기후도 추측할 수 있거든요. 또 나무의 나이테도 옛날의 기후를 알아내는 데 좋은 자료가 된답니다.

그런데 옛날의 기후를 알 필요가 있느냐고요? 그것은 옛날의 기후가 어떻게 변해 왔는지 알면 다가올 미래의 기후를 예측할 수 있기 때문이랍니다.

17 100년 전 공기도 알 수 있나요?

옛날 기후를 알 수 있다면, 옛날의 공기가 어땠는지도 알 수 있을까요?

"말도 안 돼요. 흩어지는 공기를 어떻게 알 수 있어요? 옛날 공기는 벌써 사라져 버렸는데요?"
어린이 여러분 가운데 이런 생각을 하는 어린이가 있을 거예요. 하지만 놀라지 마세요.
지금으로부터 100년 전의 공기가 어땠는지도 알 수 있답니다.
지구에서 제일 추운 곳인 남극은 땅 위를 빙하가 덮고 있어요. 바로 이 빙하 속에 100년 전의 공기가 동그란 기포 모양으로 남아 있답니다.
공기를 담고 있는 눈이 쌓이고 쌓이다 보니 맨 처음의 눈은 얼음이 되고 그 안에 100년 전 공기가 고스란히 남아 있게 된 것이지요.

18 하루의 평균 기온이 뭐예요?

"일기 예보를 말씀드리겠습니다. 내일은 흐리고 바람이 조금 불겠습니다. 서울의 평균 기온은 15도로 조금 쌀쌀한 날씨가 되겠습니다."
일기 예보를 보다 보면 평균 기온이라는 말이 꼭 나와요. 일기 예보에서 말하는 그날의 평균 기온이란 하루 중 언제의 온도를 말하는 걸까요?
평균 기온을 알려면 새벽 3시부터 3시간마다 여덟 번 기온을 재야 해요. 여덟 번 잰 기온을 모두 더해서 8로 나누어 나오는 값이 바로 평균 기온이랍니다. 여덟 번 잰 기온에서 가장 높은 기온을 그날의 '최고 기온'이라 하고, 가장

온도 확인!

확인!

낮은 기온을 그날의 '최저 기온'이라고 해요.
최고 기온과 최저 기온의 차이는 일교차라고
한답니다.

19 여름이면 자주 듣는 불쾌지수가 뭐예요?

여름철 일기 예보에서 흔히 들을 수 있는 말 가운데 하나가 '불쾌지수'란 말이에요. 불쾌지수는 사람들이 느끼는 불쾌감의 정도를 숫자로 나타낸 것을 말해요.

여름철에는 날씨가 무덥고 습도가 많아 몸에 난 땀이 잘 마르지 않아 끈적끈적해요. 그러면 사람들은 불쾌감을 느끼는 정도가 커져요. 한마디로 불쾌지수가 높아지지요. 불쾌지수가 75~80이면 사람들 절반이 불쾌감을 느껴요. 또 81~86이면 거의 모든 사람들이 불쾌감을 느끼고, 86이 넘으면 참을 수 없을 정도의 불쾌감을 느낀답니다. 불쾌지수가 높은 날에는 별것 아닌 일에도 쉽게 짜증을 내고, 화를 내게 돼요.

20 날씨와 건강과 관계가 있나요?

"에구구~. 비가 오려나? 왜 이리 무릎이 쑤시누~."
할머니나 할아버지가 무릎을 두드리며 이런 말씀을
하신 적이 있을 거예요. 엄마나 아빠도 어깨를
두드리며 "어휴, 비가 오려나? 몸이 찌뿌드드하네."
하고 말씀하신 적 있을 거고요. 이상하지요?
어른들은 왜 이런 말씀을 하시는 걸까요?
몸이 아픈 것과 날씨와 무슨 관련이 있을까요?
우리 사람의 뼈와 관절은 기압이 낮아지면
관절과 관절 사이가 벌어져 콕콕 쑤시고
아파요. 이런 병을 기상병이라고 하는데,
기온이나 습도 등의 변화로 몸에 병이 오는
것을 말한답니다. 어른들은 살면서 터득한
경험으로 허리나 무릎, 어깨 등의 관절이 아프면

비가 올 것을 알게 된 거예요.

또 계절병이라는 것도 있어요. 계절병은 봄·여름·가을·겨울 등 계절에 따라 생기는 병을 말해요. 추운 겨울이 지나고 기온이 따뜻해지는 봄과 더운 여름이 지나고 선선해지는 가을에는 기온의 변화가 심해 감기에 잘 걸려요. 여름에는 더운 기온 때문에 음식물이 잘 상해 식중독에 걸리기 쉬워요. 모두 계절에 따라 생기는 병이지요.

해가 떠 있는데 비가 오다니요?

아이구 다리야. 비가 오려나~.

비 올 거라니까~.

2 불어라! 바람과 태풍

바람은 눈에 보이지 않아요.
그런데도 우리는 바람이 분다고 하지요.
바람, 바람은 도대체 뭘까요?

21 바람은 왜 부나요?

무더운 여름날 땀을 식혀 주는 시원한 바람은 참 고마워요. 추운 겨울날 싱싱 부는 바람은 얼마나 차가운가요. 눈에 보이지도 않고 냄새도 없는 바람, 바람은 도대체 뭘까요?
바람은 바로 공기예요. 그리고 공기가 움직이는 것이 바람이랍니다. 공기는 따뜻한 공기가 위로 올라가고 위에 있던 차가운 공기가 그 빈자리로 들어오는 일을 되풀이해요. 이때 주위보다 공기가 많으면 고기압이라고 하고, 적으면 저기압이라고 해요. 공기는 늘 고르게 퍼져 있으려 해요. 그래서 끊임없이 공기가 많은 곳인 고기압에서 공기가 적은 곳인 저기압으로 움직여 부족한 공기를 채워 주고 있지요. 이렇게 공기가 움직이는 것이 바로 바람이에요.

22 바람의 빠르기를 나눌 수 있나요?

여름철 태풍이 몰아치면 길가의 가로수가 쓰러지기도 하고, 상점의 간판이 우당탕 떨어지기도 해요. 하지만 어떤 바람은 머리카락이 살랑살랑 나부낄 정도로 산들산들 불어요. 태풍과 산들바람은 바람이 부는 빠르기가 다르기 때문에 차이가 나타나는 거예요. 바람의 빠르기는 풍속이라고 하는데, 공기가 1초 동안 흘러간 거리를 말해요. 일기도에서 바람이 빠른 곳은 등압선의 간격을 좁고 빽빽하게 나타내요. 하지만 바람이 약한 곳은 등압선의 간격을 넓게 나타내요. 영국의 해군 제독이었던 보퍼트가 이러한 바람의 빠르기를 계급으로 나누었어요. 이것을 '보퍼트의 풍력 계급'이라고 해요.

〈보퍼트의 풍력 계급〉

0 **고요** 연기가 똑바로 올라가요.
1 **실바람** 잔물결이 일고, 연기는 날리나 바람개비는 돌지 않아요.
2 **남실바람** 바람 부는 것을 얼굴에 느낄 수 있고, 바람개비도 약하게 돌아요.
3 **산들바람** 나뭇가지가 흔들리고 깃발이 약하게 흔들려요.
4 **건들바람** 먼지가 일고, 나뭇가지가 흔들려요.
5 **흔들바람** 작은 나무 전체가 흔들리고, 강물에 잔물결이 일어요.
6 **된바람** 큰 나무가 흔들리고, 큰 물결이 일어요.
7 **센바람** 큰 나무 전체가 흔들리고, 걷기가 힘들어요.
8 **큰바람** 큰 물결이 높아지고, 잔가지가 꺾어지며, 걸어갈 수 없어요.
9 **큰센바람** 지붕의 기와가 날아요.
10 **노대바람** 물결이 크게 일고, 나무가 쓰러지며, 건물이 부서져요.
11 **왕바람** 산더미 같은 파도가 일고, 건물이 무너지며, 나무가 뿌리째 뽑혀요.
12 **싹쓸바람** 산더미 같은 파도로 크게 피해가 나요.

23 낮과 밤에 따라 바람의 방향이 다르다고요?

햇빛이 비치는 낮 동안 육지는 바닷가보다 훨씬 빨리 더워져요. 그래서 바닷물보다 기온이 더 높답니다. 하지만 밤이 되면 육지가 바닷물보다 더 빨리 식기 때문에 육지의 기온보다 바닷물의 기온이 더 높아요.

그럼 바람은 어디에서 어디로 불까요? 온도가 다른 두 장소에서는 기온이 낮은 곳에서 높은 곳으로 불어요. 그러므로 낮에는 바다에서 육지로 불고, 밤에는 육지에서 바다로 불어요.

여름날, 바닷가에 가면 왜 시원한지 이제 알겠지요?

24 바람으로 에너지를 얻을 수 있나요?

바람은 너무 세게 불면 건물이 부서지고, 나무가 쓰러지는 등 피해를 주지만, 더울 때 부는 산들바람은 땀을 식혀 주는 고마운 바람이에요. 더구나 바람을 이용해서 에너지도 얻을 수 있다면 더욱 좋겠지요? 무슨 소리냐고요? 바람이 세게 부는 곳에 풍차처럼 생긴 아주 큰 팔랑개비를 설치해 놓아요.
그러면 바람이 불 때마다 팔랑개비가 돌겠지요?
바람에 팔랑개비가 돌면서
발전기를 돌리게 하면 전기가
생겨요.
바람을 이용해 생긴 전기 덕분에
우리는 컴퓨터도 사용할 수 있고,
텔레비전, 냉장고, 전구 등도
켤 수 있게 되는 거예요.

25 바람이 세게 불 때 왜 소리가 나나요?

어두운 밤, 그것도 혼자 집에 있는데 바람이 세게 불면 조금 무서운 느낌이 들어요. 창문은 덜컹덜컹거리고, 큰 나무들은 잔가지를 흔들어 사락사락 소리를 내는데, 바람까지도 '쌔애앵~' 하고 세찬 소리를 내잖아요.

그런데 참 이상하지요? 공기가 움직이는 게 바람이라고 했는데, 어떻게 공기에서 소리가 날까요?

그건 이유가 간단해요. 바람이 세게 불 때 나뭇가지나 전깃줄 등 가느다란 물건을 만나면 그 물건들 뒤에 공기의 소용돌이가 생겨요. 물건을 만나 공기의 소용돌이가 생길 때 공기가 진동을 일으키는데 이 공기의 진동이 '쌔애앵~'

하고 소리를 내는 거예요.
가는 나무막대기를 쥐고 세차게 돌리면 '슝슝' 소리가 나는 것처럼 말이에요.

26 황사가 뭐예요?

"애야, 오늘부터 황사가 온단다. 밖에 나갈 때는 꼭 마스크 하렴."
갑자기 엄마가 집안의 창문을 꼭꼭 닫으며 이런 말씀을 하셨어요.
황사라고요? 도대체 황사가 뭔데요?
황사는 '누런 모래'라는 뜻이에요. 주로 봄철에 자주 일어나요. 중국이나 몽골의 사막 지대에서 겨우내 얼었던 흙이 녹으면서 흙먼지와 가는 모래가 바람에 일어나 하늘에 떠 있다가 서서히 떨어지는 것이 바로 황사예요. 하늘을 덮고 있던 이 흙먼지와 가는 모래는 강한 바람에 실려 우리나라를 비롯하여 일본까지 날아간답니다.

요즈음 중국이 산과 숲을 없애고 공장을 많이 지으면서 황사는 더욱 심해지고 있어요. 더욱이 황사에 중국의 공장에서 나오는 나쁜 물질들이 함께 실려와 동물과 식물, 그리고 우리 사람에게 심각한 문제를 안겨 주고 있답니다.

27 '푄'은 어떤 바람인가요?

이름이 발음하기 좀 힘들죠?
우리나라 말이 아니어서 그래요.
푄은 골짜기에 불어내리는 고온 건조한
바람이에요.
바람이 높은 산을 오를 때는 기온이
점점 내려가서 공기 속에 들어 있는 수증기가
얼어 비가 되어 내려요.
한바탕 비를 뿌린 공기는 수증기가 빠져
건조해지지요. 건조한 공기가 산을 넘어
내려올 때는 처음보다 기온이 올라가게 돼요.
이렇게 산을 넘어 불어내리는 온도가 높고
건조한 바람을 푄이라고 해요.
외국에서는 알프스 지방의 골짜기나 미국
로키 산맥을 넘는 바람이 대표적인 푄이에요.

28 높새바람이 뭔가요?

홀쭉해졌어~.

〈태백산맥〉

높새바람? 무슨 새 이름 같지요? 아니에요. 높새바람은 바로 푄을 말해요. 푄은 골짜기를 넘어 불어내리는 고온 건조한 바람이에요. 우리나라에도 높은 산을 넘어 불어내리는 바람이 있어요. 바로 높새바람이에요.

높새바람은 태백산맥을 불어 넘는 바람이에요. 늦봄에서 초여름에 걸쳐 동해안에서 불어오던 바람은 태백산맥을 넘으려 불어올라갈 때 수증기가 얼어 비나 눈이 되어 내려요. 비가 내린 뒤 공기는 건조해지고 산을 넘기 전보다 기온은 훨씬 더 높이 올라가지요. 그리하여 태백산맥 서쪽 지역은 온도가 높고 건조한 높새바람이 불게 된답니다. 건조한 높새바람이 불면 비가 적게 와 가뭄이 들고, 농작물이 말라 죽는 피해가 발생하기도 해요.

29 산곡풍이 뭐예요?

산에서 부는 바람은 '산풍'과 '곡풍' 두 종류로 나뉘어요. 산풍과 곡풍을 합해 산곡풍이라고 해요. 산풍은 산 위에서 골짜기로 부는 바람을 말해요. 반대로 골짜기에서 산 위로 부는 바람은 곡풍이라고 해요. 산풍과 곡풍이 생기는 것은 기압의 차이 때문이에요.

낮에 산골짜기에 햇빛이 비치면 땅의 온도가 높아지면서 더운 공기가 생겨요. 바로 고기압이지요. 골짜기의 더운 공기는 산의 경사면을 따라 산 위로 올라가요. 이것이 바로 골짜기에서 산 위로 부는 곡풍이에요. 반대로 밤이 되면 산 위에서 불던 더운 바람은 식어 골짜기로 내려와요. 이 바람이 바로 산 위에서 골짜기로 부는 산풍이랍니다.

30 우리나라에서 바람을 어떻게 부르나요?

바람이 그냥 바람이지 무슨 이름이 있냐고요?
아니에요. 우리 조상들은 보이지도 않는 바람에
멋진 이름을 붙였답니다.
먼저 바람이 불어오는 방향에 따라 봄에 부는
동풍은 샛바람, 가을에 솔솔 불어오는 서풍은
하늬바람, 남풍은 마파람, 추운 겨울에 부는
북풍은 뒤바람이라고 했어요. 또 북동풍은
높새바람, 남서풍은 갈바람이라고 했지요.
피죽바람도 있어요. 모를 낼 무렵 동안 부는
아침의 동풍과 저녁의 북서풍을 말하는데,
이 바람이 불면 그 해는 흉년이 들어 밥은커녕
피죽도 먹기 어렵다고 하여 붙여진 이름이랍니다.
샛바람과 함께 봄에 부는 바람으로 소소리바람도

있어요. 이른 봄에 살 속으로 파고드는 찬바람을 말하지요. 또 봄에 갑자기 차갑게 부는 바람을 꽃샘바람이라고 하는데, 꽃이 피는 것을 시기해서 부는 바람이라는 뜻이랍니다.

31 바람의 방향으로 날씨를 알 수 있나요?

바람은 공기가 움직이는 거예요. 공기는 고기압에서 저기압으로 움직여요. 고기압일 때는 날씨가 맑고, 저기압일 때는 날씨가 흐리거나 비가 와요. 우리나라는 바람이 서쪽에서 동쪽으로 부는 편서풍대에 있어요. 이런 점을 잘 기억하면 바람의 방향만으로도 날씨를 어느 정도는 알 수 있어요. 쉽게 말해 동풍인 샛바람이 분다면 동쪽에 고기압이 있고, 서쪽에 저기압이 있다는 거예요. 우리나라는 바람이 서쪽에서 동쪽으로 부는 특징이 있어요. 그러므로 샛바람이 분다는 것은 서쪽에 있는 저기압이 동쪽인 우리나라로 서서히 옮겨올 거라는 걸 뜻해요. 한마디로 날씨가 흐리거나 비가 올 거라는 징조이지요.

32 제트 기류가 뭔가요?

제트기를 아세요? 제트기는 제트 엔진을 단 비행기예요. 프로펠러로 하늘을 나는 비행기보다 훨씬 빠른 비행기이지요.

제트 기류는 제트기처럼 아주 빠른 속도로 부는 바람을 말해요. 제트 기류는 북반구에서나 남반구에서나 서쪽에서 동쪽으로 부는 편서풍이에요. 제트 기류는 남북을 굽이치며 이동하여 북쪽의 찬 공기와 남쪽의 더운 공기를 섞어 열이 교환되도록 해요.

북반구에는 대륙이 많이 있기 때문에 편서풍은 잘 발달하지 않으나 남반구에는 해양이 대륙보다 많기 때문에 편서풍이 잘 발달해요. 우리나라가 위치한 북반구는 여름보다 겨울에 제트 기류가 발달하는 특징이 있어요.

33 태풍이 뭐예요?

"어젯밤, 동해안 지역을 강타한 강한 태풍으로 낮은 지역의 집들이 물에 잠기고, 상점의 간판이 부서졌으며, 길가의 나무가 쓰러졌습니다." 여름철이면 이런 뉴스를 보게 됩니다. 골목에 세워둔 차도 물에 잠기고,

사람들은 집 안에 든 물을 퍼내느라 정신이 없지요. 뉴스에서 강한 태풍 때문이라고 했는데, 도대체 태풍이 뭘까요?
태풍은 북태평양에서 발생하여 아시아 동쪽으로 불어오는 세찬 바람이에요. 강한 바람과 엄청난 양의 비를 몰고 오는 것이 특징이랍니다. 태풍의 키는 에베레스트 산보다 높고, 덩치는 작게는 우리나라의 2배, 크게는 22배나 된답니다. 정말 어마어마하지요?

34 태풍은 어떻게 생기나요?

태풍은 북태평양에서 생긴다고 했지요?
북태평양은 바다 표면의 온도가 27도가 넘는
열대 지역이랍니다. 바다가 끊임없이 강한 햇볕을
받으면 바다 표면이 증발하면서 많은 수증기가
하늘로 올라가요. 수증기가 하늘로 올라갈
때는 바다 주변의 더운 공기가 수증기를 빨아들여
함께 올라간답니다. 더운 공기가 빠진 곳은 다시
차가운 공기가 들어와 있다가 또다시 바닷물이
증발하여 수증기가 생기면 빨아들여 하늘로
올라가지요.
이런 과정을 되풀이하다
보면 하늘에 커다란

수증기

구름이 생겨요.
구름은 강한 에너지를
띠게 되고 빙글빙글
돌면서 태풍이 된답니다.
하지만 아무리 강한 태풍도
온도가 낮은 바다나 육지를 만나면
힘을 잃고 사라져요. 육지에서는
바다에서처럼 많은 수증기가 발생하지
않고, 온도가 낮은 바다 역시 수증기가
많이 생기지 않기
때문이지요.

에구 수증기가 없네.

힘이 없어 보이네?

35 태풍의 에너지는 얼마나 되나요?

태풍의 에너지란 태풍이 얼마나 힘이 세냐는 말이기도 해요. 여러분, 놀라지 마세요. 태풍이 지닌 에너지는 원자 폭탄의 10만 배 정도 된답니다. 제2차 세계 대전 때 미국은 전쟁을 일으킨 일본에 원자 폭탄을 터뜨렸어요. 히로시마와 나가사키 두 도시였어요. 원자 폭탄을 맞은 두 도시는 25만 명 이상이 죽었고, 섬광과 열에 녹아 버렸어요.

원자 폭탄의 힘이 이 정도인데 태풍의 힘은 이보다 10만 배나 강하다고 하니, 그 힘이 얼마나 강한지 알 수 있겠지요?

36 태풍의 눈이 뭐예요?

태풍에도 눈이 있나요? 있어요. 하지만 사람처럼 무엇을 보는 눈은 아니에요.
태풍의 눈은 태풍의 중심 부분을 가리키는 말이에요. 태풍의 눈은 지름이 수십 킬로미터가 될 정도로 규모가 거대해요.
태풍은 빙글빙글 소용돌이치면서 불어오는데, 태풍의 눈 주위는 구름 벽으로 둘러싸여 있고, 나선 모양의 구름띠가 여러 개 있어요. 하지만 태풍의 눈 부분은 맑고 고요해요. 그런데 어떻게 바람이 거세게 부냐고요?
태풍은 태풍의 눈을 중

조용해~.
태풍의 눈.

심으로 주변부가 소용돌이치기 때문에 거센 바람이 이는 거예요. 소용돌이 방향은 지구의 위치마다 달라요. 북반구에서는 시계 반대 방향으로 치고, 남반구에서는 시계 방향으로 쳐요. 적도에서는 소용돌이가 생기지 않는답니다.

37 태풍의 이름은 어떻게 짓나요?

태풍의 이름은 아시아 태풍 위원회의 회원국 14개 나라가 모여 만들었어요. 나라마다 10개씩 태풍 이름을 적어 내어 140개의 이름을 정하고, 이름들에 순서를 정해서 차례대로 쓰고 있어요. 전 세계적으로 태풍은 1년에 30개 정도 발생하기 때문에 140개의 이름을 다 사용하는 데 4~5년 정도 걸린답니다.

우리나라 이름은 개미, 나리, 장미, 미리내, 노루, 제비, 너구리, 고니, 메기, 독수리예요.

북한 이름은 기러기, 도라지, 갈매기, 무지개, 메아리, 소나무, 버들, 노을, 민들레, 날개랍니다.

38 태풍이 필요하다고요?

태풍은 에너지가 얼마나 강력한지 원자 폭탄의 10만 배나 된다고 했어요. 이런 무시무시한 태풍이 지구에 꼭 필요한 거라면 믿을 수 있겠어요? 믿을 수 없겠지만 태풍은 지구 생태계를 위해 꼭 필요하답니다.

태풍은 적도의 뜨거운 바다 열을 빨아들여 중위도 지역에 뿌리는 일을 해요. 그러면 남반구와 북반구의 온도가 섞이게 되어 공기가 균형을 이루게 된답니다. 한마디로 남반구와 북반구의 온도차가 심하게 벌어지지 않고 적절한 상태가 되도록 하는 거지요. 이렇게 하지 않으면 지구는 이상기온으로 생태계가 파괴되는 위험에 빠지거든요. 피해만 주는 악동인 줄 알았는데 크게 보니 꼭 필요한 존재네요.

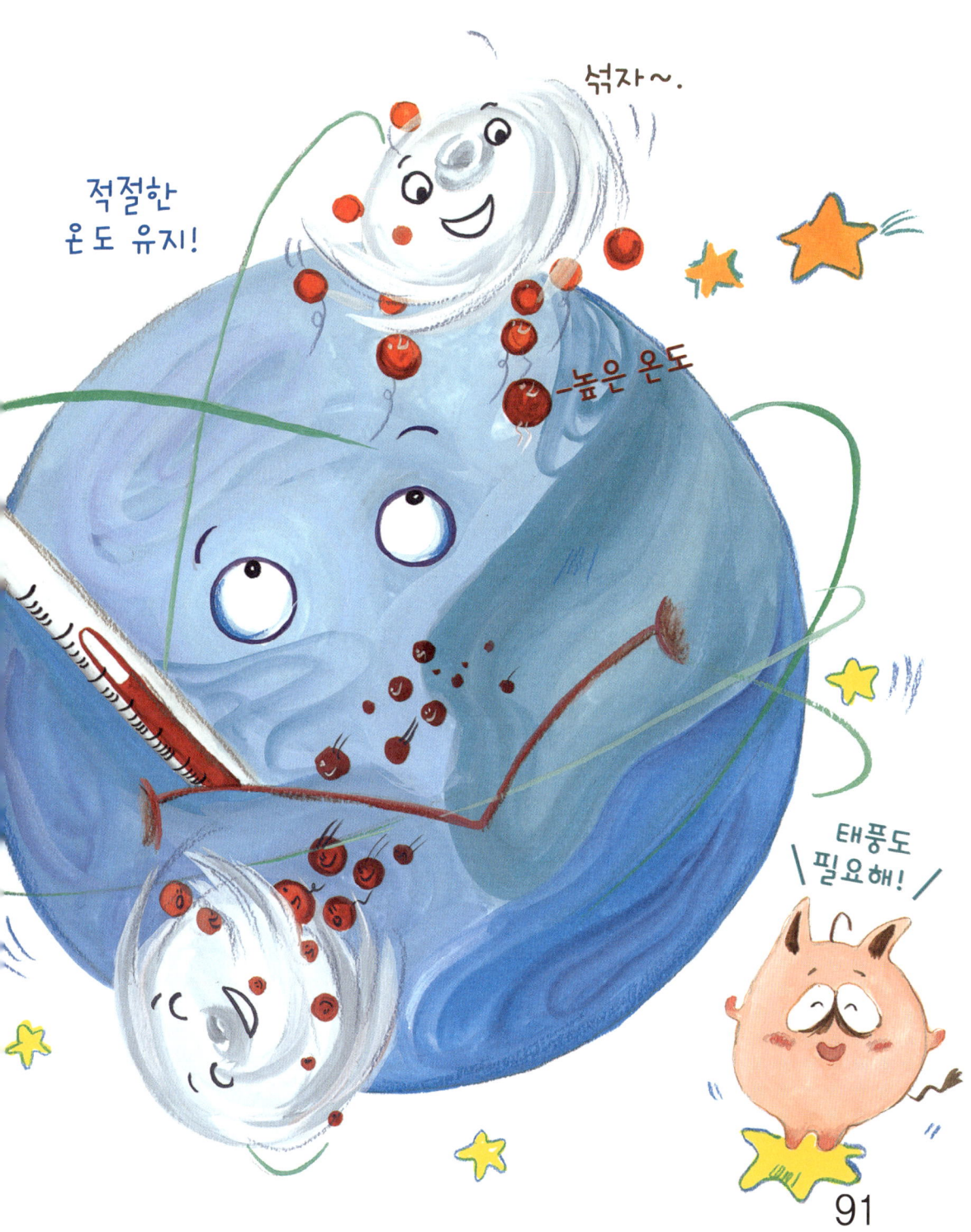

39 토네이도가 뭐예요?

토네이도는 세찬 바람인 폭풍의 하나예요. 육지와 바다 두 군데서 일어날 수 있어요.
땅 위에서 발생한 토네이도는 먼지나 모래를 휘감아 올려 나선 모양으로 빙빙 돌아요. 또 바다에서 발생한 토네이도는 바닷물을 하늘 위로 힘차게 빨아올려요. 바닷물을 빨아올리다니 토네이도의 힘이 정말 대단하지요?
1931년 미국 미네소타 주에서 발생한 토네이도는 117명을 태운 83톤 열차를 순식간에 휘감아 올려 내동댕이치기도 했어요. 힘이 이 정도니 집이나 나무 등은 손쉽게 부서뜨릴 수 있답니다.
자연 재해는 인간이 어찌할 수 없는 어마어마한 현상이에요.

40 토네이도는 어디서 생기나요?

토네이도를 일으키는 것은 구름이에요. 아주 커다란 소나기구름 중심부에서 소용돌이 바람이 불기 시작하면 점점 빨라져 아랫부분이 깔때기처럼 생겨요. 바로 소용돌이 기둥이지요.
이 기둥은 점점 더 커지고 힘이 세어지면 빠르게 돌면서 소용돌이의 끝이 땅 가까이 내려오게 돼요. 마침내 소용돌이의 끝이 땅에 닿으면 엄청난 힘으로 땅 위의 먼지와 모래를 휘감아 올리며 빙빙 돌게 된답니다.
마을에 토네이도가 불어 닥치면 그 마을은 쑥대밭이

되고 말지요. 하지만 이렇게 강력한
토네이도도 힘을 잃으면 다시
하늘로 올라간답니다.

41 토네이도가 많이 발생하는 곳이 있나요?

토네이도는 세계 어느 곳에서나 일어날 수 있어요. 하지만 불행하게도 자주 발생하는 곳이 있어요. 바로 미국이에요. 미국은 캐나다에서 불어오는 차고 건조한 바람과 멕시코 만에서 불어오는 고온 다습한 바람이 만나는 곳이에요. 그래서 토네이도가 많이 발생한답니다. 한 해에 500번 정도는 기본이고, 많을 때는 1,000번 정도 발생한답니다. 특히 미국에서도 중부의 캔자스 지방은 토네이도의 길이라고 불릴 정도로 토네이도가 자주 일어나는 곳이랍니다.

강한 힘으로 모든 것을 파괴하는 토네이도는 보통 1시간 정도 지나면 힘이 약해져요. 하지만 그 피해는 엄청나답니다.

3 물방울 알갱이! 구름과 안개, 이슬과 서리

파란 하늘에 뭉게뭉게 떠 있는 구름!
아침이면 풀잎에 맺혀 있는 작은 이슬방울!
초겨울 아침 화단에 살포시 내려앉아 있는 하얀 서리!
구름, 이슬, 서리 모두모두 물방울 알갱이!

42 수증기가 뭐예요?

 우리가 수증기를 쉽게 볼 수 있는 곳은 부엌이에요. 주전자에 물을 넣고 팔팔 끓이면 주전자 꼭지가 들썩이며 연기처럼 하얀 김이 나와요. 이것이 바로 수증기예요. 수증기는 밥이 끓을 때도 나오고, 국이 펄펄 끓을 때도 나지요. 수증기는 물이 증발하면서 생기는 기체예요. 너무 작아 눈에 잘 안 보여요. 빨래를 널어 두면 빨래가 보송보송하게 마르지요? 젖은 빨래 속에 들어 있는 물이 수증기가 되어 공기 중으로 날아갔기 때문이에요. 하지만 우리는 젖은 빨래에서 물이 수증기가 되어 날아가는 모습을 보지는 못한답니다.

43 구름은 어떻게 만들어지나요?

파란 하늘을 올려다보세요. 무엇이 보이나요? 양 떼처럼 무리지어 떠가는 흰 구름이 보이지요? 마치 솜털처럼 가볍고 포근해 보이지요? 도대체 구름은 어떻게 만들어져 저 높은 하늘에 떠 있는 걸까요?
햇볕이 바다, 강, 호수 등에 비치면 물이 증발하여 수증기가 되어요. 수증기는 가벼워 하늘로 올라가요. 그런데 위로 올라갈수록 기온은 점점 낮아지기 때문에 수증기들이 서로 달라붙어 알갱이가 커져 물방울이 된답니다. 기온이 더욱더 낮아지면 물방울들은 얼음 알갱이가 되기도 하지요. 수증기가 모이고 모여 물방울이 되고, 얼음 알갱이가 되어 커다란 덩어리로 떠 있는 것이 바로 구름이랍니다.

44 구름이 만들어지려면 먼지가 필요하다고요?

구름은 수증기가 모이고 모여 물방울이 되어 떠 있는 거라고 했어요. 그런데 구름이 만들어지려면 먼지가 필요하다고요? 믿을 수 없겠지만 사실이에요.
수증기가 모이고 모여 물방울이 되는 것을 '응결'이라고 해요. 응결은 수증기끼리만 엉겨서는 이루어지지 않아요. 공기 중에 먼지나 그을음과 같은 작은 알갱이가 있어야 해요. 이들 먼지나 그을음 등을 '응결핵'이라고 하는데, 이곳에 수증기가 달라붙어야 작은 물방울이 된답니다. 한마디로 응결핵은 수증기를 끌어들여 물방울이 되도록 도와주는 일을 하는 거지요.

45 구름은 어디에 많이 생기나요?

"하늘 좀 봐, 저쪽 바닷가 쪽은 구름이 많은데, 반대편 산 쪽으로는 구름이 별로 없어."
"정말, 그러네? 왜 그렇지?"
그 이유는 아주 간단해요. 구름이 많은 쪽은 공기 중에 수증기가 많다는 증거예요. 구름은 공기 중의 수증기가 모여 생기는 거니까요. 바다는 끊임없이 수증기가 증발하기 때문에 수증기가 많아요. 그래서 구름이 잘 생긴답니다. 반대로 육지는 바다보다 증발하는 수증기가 많지 않아 바닷가 쪽보다는 구름이 많이 생기지 않아요.
그럼, 모래땅인 사막은 구름이 없을까요? 꼭 그런 건 아니에요. 다른 곳에서 수증기가 밀려와 그것으로 구름이 생기기도 하거든요.

46 구름에도 종류가 있나요?

구름은 모양이 여러 종류예요. 이것은 수증기가 위로 올라가는 속도나 구름이 만들어지는 높이가 다르기 때문이에요. 그래서 세계 기상 기구에서는 구름이 만들어지는 높이와 모양에 따라 기본 모양을 열 가지로 나누었어요.

기본적으로 하늘의 층을 크게 상, 중, 하로 나누어요. 제일 아래쪽인 하에는 하층운, 가운데는 중층운, 제일 높은 곳에는 상층운이 있어요. 땅에서 상층운까지 걸쳐 있는 구름은 수직운이라고 해요.

하층운에는 안개가 낀 것 같은 층운(안개구름)과 비나 눈을 내리는 검은빛의 난층운(비층구름)과 비나 싸락눈을 내리는 두루마리 모양의 층적운(층쌘구름)이 있어요.

중층운에는 연한 회색빛으로 층을 이룬 고층운

(높층구름), 양 떼처럼 생긴 고적운(높쌘구름)이 있어요.

상층운에는 비가 올 것을 예고하는 구름으로 노을로 인해 노란빛이나 붉은빛을 띠는 권층운(털층구름)과 작은 구름덩어리로 조개구름이라고도 하는 권적운(비늘구름), 제일 높은 곳에 있는 새털처럼 생긴 권운(새털구름)이 있어요. 수직운에는 소나기를 내리는 적란운(소나기구름, 쌘비구름)과 천둥번개를 치는 적운(쌘구름)이 있답니다.

47 구름은 왜 색깔이 다른가요?

"시커먼 먹구름이 몰려오고 있어. 곧 비가 쏟아질 것 같아."
"어머, 새하얀 구름이 마치 솜사탕 같네?"
"예쁘다, 저 구름은 빨간색이야."
이상하네요? 왜 어떤 구름은 시커멓고, 또 어떤 구름은 새하얀 걸까요?
구름은 수증기가 모이고 모여 물방울을 이룬 거예요. 햇빛이 물방울에 비치면 빛이 반사되어 흩어지면서 서로 섞이게 돼요. 빛은 서로 섞이면 흰빛을 띠게

커진다~.

먹구름

된답니다. 그래서 구름이 하얗게 보이는 거예요.
그럼, 시커먼 구름은 왜 생길까요?
구름을 이룬 물방울의 크기가 커지면 물방울 간격에 틈이 생기게 돼요. 물방울 간격에 틈이 생기면 물방울에 닿은 빛이 반사되었을 때 서로 섞이지 않고, 틈으로 빠져나가 버리게 돼요. 그러면 섞이는 빛이 많지 않기 때문에 구름은 흰색을 띠지 못하게 되지요. 그래서 큰 물방울이 많은 먹구름은 검게 보이는 거랍니다.
푸른빛을 띠는 구름은 구름 안에서 빛이 흩어져 생기는 색깔로, 물방울이 빗방울 정도로 커졌다는 것을 의미해요.
붉은색, 오렌지색, 분홍색 구름은 해가 뜰 때나 질 때 햇빛이 공기에 부딪혀 생기는 색깔이에요.

48 구름의 무게는 얼마나 될까요?

구름의 무게는 우리가 상상할 수 없을 정도로 무겁답니다. 천둥 번개를 치는 쌘구름인 적운 떼의 경우는 무게가 3톤 정도 돼요. 소나기와 함께 천둥, 우박을 내리기도 하는 적란운인 소나기구름 떼의 무게는 960톤 정도나 된답니다. 하마 1마리의 무게가 3톤 정도 되므로 소나기구름에는 하마가 320마리 들어 있다고 생각하면 되지요.

그럼, 이렇게 무거운 구름이 어떻게 땅으로 떨어지지 않고 하늘에 떠 있는 걸까요? 그것은 구름이 무척 작고 가벼운 물방울이나 얼음 알갱이 상태로 떠 있기 때문이에요. 또 상승 기류가 올라오고 주위에 계속 바람이 불기 때문에 떨어지지 않고 떠 있을 수 있는 거랍니다.

49 안개가 뭐예요?

안개는 공기 중에 있는 수증기가 엉겨서 아주 작은 물방울이 되어 만들어진 거예요. 구름처럼 말이에요.

구름은 땅에서 멀리 하늘 높이 떠 있는 것을 말하고, 안개는 땅과 가까이 있는 것을 말해요. 그래서 산봉우리에 걸려 있는 구름을 보고 산 아래에서는 구름이라고 해도 산봉우리에 올라가서는 안개라고 한답니다.

안개는 해가 뜨면 사라져요. 햇빛이 비치면 공기의 온도가 높아지기 때문에 안개를 이루고 있는 물방울이 다시 수증기가 되어 버리기 때문이에요.

뿌옇네~.

50 안개는 어떻게 만들어지나요?

안개가 만들어지는 방법은 몇 가지가 있어요. 먼저 낮과 밤의 일교차가 심한 맑은 날 새벽에 만들어져요. 맑은 날에는 열이 빨리 사라져 땅의 온도가 공기보다 더 낮아져요. 그래서 땅 가까이서 공기 중의 수증기가 엉겨 물방울이 되는데, 이것이 바로 안개이지요.
또는 바닷가 근처의 물 위로 따뜻한 공기가 옮겨와 식으면서 안개가 만들어지기도 해요.
또 수증기를 가득 담고 있는 공기가 산 위로 올라가면서 기온이 내려가 수증기가 한데 엉겨 안개가 되기도 해요. 어떤 경우는 비가 내리면서 그 비가 증발하여 안개가 생기기도 해요.

51 아침에 안개가 짙게 끼면 왜 날이 맑나요?

"안개가 짙게 낀 걸 보니 오늘은 날이 아주 맑겠군!"
"아빠, 말도 안 돼요. 저렇게 온통 안개가 끼어 있는데 어떻게 날이 맑겠어요!"
위와 같은 대화를 나누는 아빠와 아이를 보았다면, 여러분은 누구 편을 들 건가요?
아빠 말이 맞아요. 안개는 땅 가까이 있는 공기의 온도가 내려갔을 때 공기 중의 수증기가 엉겨 생기는 거예요. 특히 바람이 없고 맑은 날 아침에 더욱더 잘 생기지요.
그래서 안개가 짙게 낀 날 아침에는 그날 온종일 바람 없이 맑은 날이 될 거라고 생각해도 된답니다.

52 스모그는 뭔가요?

스모그는 연기를 뜻하는 영어의 '스모크'와 안개를 뜻하는 '포그'가 합쳐진 말이에요. 스모그는 자동차의 배기가스나 공장에서 내뿜는 연기인 매연이 안개와 같이 되어 공중에 떠 있는 거예요. 특히 겨울철, 날씨가 좋고

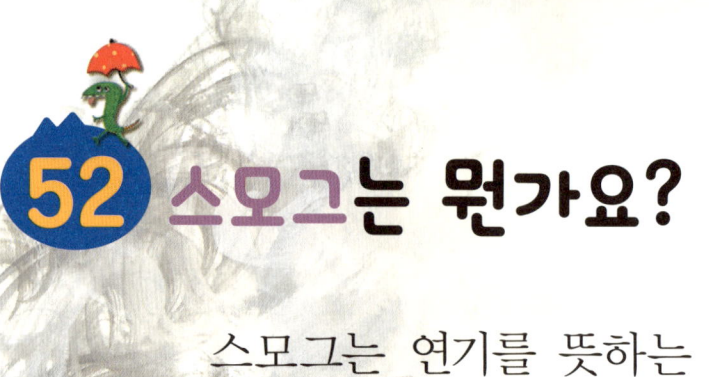

바람이 없는 밤부터 아침에
걸쳐서 잘 생겨요. 땅 근처의 공기가
몹시 차가워질 때, 매연이 공기 중의
수증기와 한데 엉기기 때문이지요.
스모그는 안개와는 상관없이
공기가 심하게 오염되었음을
나타내는 거예요.

53 산성 안개가 뭐예요?

도시의 공기 중에는 자동차와 공장, 건물의 난방 시설에서 나오는 이산화황, 이산화질소와 같은 매연물질이 들어 있어요.
매연물질은 물에 잘 녹는 성질을 가지고 있기 때문에 공기 중에 떠 있는 물방울인 안개를 만나면 쏙쏙 녹아버린답니다. 그러면 안개는 산성화된 물방울이 되어 버리는데, 이것이 바로 산성 안개예요.
산성 안개는 숨을 쉴 때마다 우리 몸속 폐로 들어가 폐를 상하게 해요. 그래서 도시에서는 안개가 자욱하게 낀 아침에는 운동을 하거나 산책을 하는 것이 좋지 않답니다.

54 안개는 왜 강가에 더 짙게 끼나요?

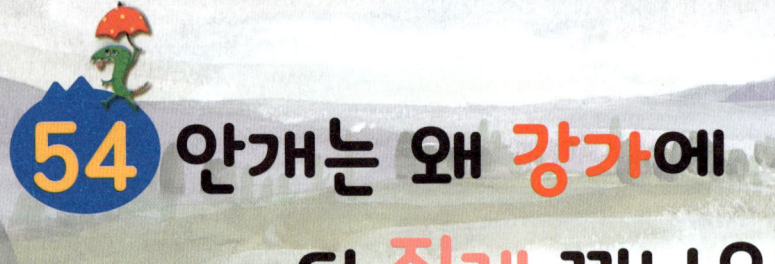

새벽에 강가를 가 보면 하얀 안개가 짙게 깔린 것을 볼 수 있어요. 왜 그럴까요? 왜 강물 위에 안개가 짙게 끼는 걸까요?

이유는 간단해요. 수증기 때문이에요. 강물 위의 공기는 강물이 증발하여 생긴 수증기가 땅 위의 공기보다 많이 들어 있어요. 새벽녘이 되어 강물 위의 공기가 차갑게 식으면 공기 중의 수증기들이 서로 엉겨 작은

물방울이 돼요. 바로 안개가 되는 것이지요.
이런 까닭으로 강가에 안개가 많이 끼는 거랍니다.
안개는 강가뿐만이 아니라 낮과 밤의 온도 차이가
심하고, 호수, 만, 바다 등과 같이 수증기가 많이
생기는 곳에 잘 생겨요. 충청북도 충주시와
제천시, 단양군에 걸쳐 있는 인공 호수 충주호와
춘천의 소양강 댐
주변은 안개가 많이
끼는 곳으로
유명해요.

〈안개〉
차가운 공기
수증기

55 이슬은 어떻게 만들어지나요?

구름이 없는 밤에는 땅의 열이 쉽게 빠져나가 빨리 식어요. 새벽녘이면 땅도 풀잎도 열이 식어 차가워지고 공기도 온도가 내려가 차가워져요.

수증기를 품고 있던 공기의 온도가 내려가면 수증기는 응결을 시작하여 물방울이 돼요. 이것이 바로 이슬이에요.

하지만 해가 떠오르면 이슬은 증발하여 다시 수증기가 되어 공기 중으로 사라진답니다.

〈더운 공기〉 〈차가운 공기〉

56 서리는 어떻게 만들어지나요?

"아이고, 밤새 서리가 하얗게 내렸네?"
이른 아침, 엄마가 창문을 열며 이렇게 말씀하셨어요.
서리? 서리가 뭘까요?
서리는 땅 위의 온도가 0도 아래로 떨어져야 생겨요. 새벽녘이 되어 수증기를 품고 있는 공기가 0도 아래로 떨어지면 수증기가 얼어 땅과 풀잎 등에 달라붙는데, 이것이 바로 서리예요. 서리는 춥고, 낮과 밤의 기온차가 큰 날에 생겨요. 농촌에서는 날씨가 갑자기 추워져 서리가 내리면 밭에 심어 놓은 배추나 무 등 김장용 채소가 얼게 되어 피해를 입을 수도 있어요. 서리는 해가 떠올라 빛을 비추면 증발하여 다시 수증기가 된답니다.

57 서리와 서릿발은 같은 건가요?

서리와 서릿발은 말이 비슷하지만 서로 달라요. 서리는 땅 위의 온도가 영하로 내려갔을 때 공기 중의 수증기가 얼어 땅이나 풀잎 등에 달라붙는 거예요. 하지만 서릿발은 겨울철 아침에 땅속의 수분이 얼어 흙이 부풀어 오르는 거랍니다.

서릿발이 생기면 가는 얼음 기둥이 흙 사이로 솟아오르기 때문에, 밭에 심은 농작물은 뿌리가 들뜨게 돼요. 그리고 들뜬 뿌리는 안타깝게도 겨울의 찬바람에 말라 죽게 된답니다. 그래서 가을부터 겨울 동안 밭에서 자라는 보리는 겨울이 오면 꼭꼭 밟아 주어야 해요. 그래야

58 이슬과 서리는 언제 잘 만들어지나요?

이슬이건 서리건 농작물에 피해를 줄 수 있기 때문에 생기지 않았으면 하지만 이슬과 서리는 피해 갈 수 없는 자연 현상이에요. 그렇다고 해서 아무 때나 생기는 것도 아니에요. 두 가지 모두 잘 만들어지는 때가 따로 있거든요.

이슬과 서리가 잘 만들어지려면 맑은 날이 많고, 낮 동안 활발하게 물이 증발하여 공기 중에 수증기를 많이 품고 있어야 해요. 그리고 밤에는 구름이 없고 낮과 밤의 기온차가 커야 한답니다.

계절로 보면 이슬은 이른 봄과 초가을 늦은 밤과 새벽에 잘 생기고, 서리는 늦가을에서 초겨울 새벽에 내린답니다.

〈낮과 밤의 기온 차가 큰 날〉

133

4 쏟아져라! 비와 눈, 우박, 장마

우르르 쾅쾅! 천둥 번개와 함께 쏟아지는 비!
후두둑 툭툭! 요란한 소리를 내며 떨어지는 우박!
펄펄! 하늘에서 내리는 하얀 눈!
비와 눈, 우박, 장마! 모두모두 수증기가 필요해요.

59 비는 어떻게 만들어지나요?

하늘 높은 곳은 기온이 무척 낮아요. 그래서 수증기들이 하늘 높이 올라가면 찬 공기를 만나 작은 물방울이나, 얼음 알갱이가 된답니다. 이것을 구름이라고 하지요.

구름이 점점 더 발달하면 물방울이 커지고 무게도 무거워져 땅으로 떨어지게 되지요. 바로 비예요.

참, 구름 속에는 얼음 알갱이도 있다고 했지요? 얼음 알갱이에 구름 속에 있는 물방울이 자꾸 달라붙으면 크기가 커지고 무게도 무거워져 땅으로 떨어지게 돼요. 땅으로 떨어지다가 땅 근처의 기온이 높으면 녹아 물이 되어 떨어지는데, 이것 역시 비랍니다.

60 빗방울의 크기와 떨어지는 속도는 다른가요?

안개비, 가랑비, 이슬비, 장대비… 이름마다 빗방울의 크기가 어느 정도인지 가늠할 수 있나요? 보통 내리는 비는 지름이 0.5밀리미터 이상 돼요. 하지만 이슬비나 가랑비는 이보다 크기가 작아요. 장대비는 지름이 5~8밀리미터로 무척 크답니다. 빗방울은 크기가 클수록 무게가 무겁고 떨어지는 속도도 빨라요. 떨어지는 속도는 장대비가 가장 빠르고, 그 다음은 보통 크기의 비, 다음은 가랑비, 그 다음은 이슬비 순이에요. 구름에서 떨어지는 빗방울의 모양은 동그랗지 않아요. 빨리 떨어질수록 공기와 부딪히는 힘이 강해 찌그러진 모양이 된답니다.

61 비도 종류가 있나요?

비도 종류가 있어요. 어느 계절에 어느 곳에, 어떤 형태로 내리느냐에 따라 몇 가지로 나눌 수 있어요. 한번 볼까요?
먼저 우리나라의 경우 6월 말에서 7월 말까지 어김없이 찾아오는 비가 있어요. 바로 장마예요. 장마는 비가 오다 말다 하면서 며칠 동안 내리는 비예요. 뇌우도 있어요. 우르르 쾅쾅, 번쩍! 천둥, 번개와 함께 내리는 비예요.
또 호우도 있어요. 짧은 시간 동안 많이 내리는 비예요. 호우가 어느 한 곳에 나타나는 것을 집중호우라고 해요. 소나기라는 비도 있어요. 여름에 특히 많이 내리는데, 햇빛이 쨍쨍하다가 갑자기 먹구름이 몰려오고 굵은 빗방울이 세차게 쏟아지는 거예요.

62 산성비는 뭔가요?

비가 내릴 때는 먼지와 같이 공기 중에 떠 있는 나쁜 물질들도 함께 씻겨 내려요. 그래서 빗물은 깨끗하지가 않답니다. 특히 산성비는 더욱 나쁘지요. 산성비가 뭐냐고요?

자동차가 달릴 때 나오는 가스와 공장이나 가정에서 석탄과 석유를 태울 때 나오는 연기는 공기 중의 수증기와 만나면 황산이나 질산으로 바뀌어요. 이 물질들은 아주 강한 산성을 띠는데, 비가 내릴 때 함께 씻겨 내려요. 그래서 이 비를 산성비라고 불러요. 산성비는 땅을 오염시켜 식물이 자라지 못하게 하고, 물을 오염시켜 물고기를 죽게 하며, 건축물과 문화재를 녹슬게 하고, 사람에게는 피부병을 일으키는 해로운 비예요.

63 사람이 비를 내리게 할 수도 있나요?

과학이 발달하면서
사람들은 비도 마음대로
내리게 할 수 있게 되었어요.
어려운 말로 '인공 비'라고 해요.
비는 구름이 크게 발달을 하여
구름 속에 있는 물방울들이 점점 커져 무게를
이기지 못하여 땅으로 떨어지는 거예요.
그런데 비가 내리지 않는 곳은 구름이 크게 발달을
하지 못하기 때문에 비를 내릴 수 없어요. 이때는

비행기를 타고 구름 속으로 들어가 구름에 '드라이아이스'를 뿌려요. 그러면 구름 속의 물방울들이 얼어 땅으로 떨어지게 된답니다. 이것이 바로 인공 비예요.

누구야! 비 올 때가 아닌데!

64 우리나라에서 일 년 동안 내리는 비의 양은 얼마나 되나요?

일 년 동안 내리는 비의 양은 나라마다 달라요. 건조한 기후 지역은 일 년 동안 비가 별로 내리지 않고, 열대우림 기후 지역은 많은 양의 비가 내려요. 우리나라는 사계절 중 여름에 비가 가장 많이 내려요. 대개 6월에서 9월까지 비가 많이 내리는데, 특히 6월 말에서 7월 말까지 장마 기간에 가장 많은 비가 쏟아져요.

이러한 날들을 합해서 일 년 동안 내리는 비의 양은 약 1,300~1,400밀리미터 정도 돼요.

65 비가 온 양은 어떻게 재나요?

"어젯밤 전국적으로 내린 비는 서울 경기 지방이 100밀리미터, 충청남도 지방이 200밀리미터의 강우량을 기록하고 있습니다."
일기 예보를 보면 비가 온 양을 말할 때 강우량이 얼마라고 말해요. 강우량은 어느 기간 동안 '비나 눈이 내린 양'을 말해요. 그럼, 강우량은 무엇으로 잴까요? 강우량을 잴 때 흔히 사용하는 것은 지름이 20센티미터인 둥근 우량계예요. 원통형의 우량계에 빗물을 받아서 깊이를 재고 밀리미터로 나타내요.

66 비가 그치면 왜 무지개가 생기나요?

무지개는 흔히 비가 그친 뒤 태양의 반대쪽에 반원을 그리며 떠요. 빨강, 주황, 노랑, 초록, 파랑, 남색, 보라 일곱 색깔을 띠지요. 무지개는 공기 중에 떠 있는 물방울이 햇빛을 받아 나타나는 거예요. 빛은 어떤 물건에 닿으면 곧게 나가지 못하고 꺾여요. 또 닿았던 곳에서 다시 되돌아 나가는 반사를 일으키지요. 무지개는 이러한 빛의 성질에 의해 생기는 거예요. 물방울에 닿은 빛이 꺾이다 보니

반원을 그리고, 꺾인 빛이 다시 반사를 일으켜 되돌아 나오므로 무지개 색깔을 나타내는 것이지요. 무지개를 보면 햇빛이 여러 가지 색깔을 가지고 있다는 것을 알 수 있지요?

67 장마가 뭐예요?

장마는 여름철에 오랫동안 비가 내리는 것을 말해요. 우리나라는 6월 말에서 7월 말까지 약 30~40일이 장마 기간이에요.

우리나라의 장마는 북태평양 고기압과 오호츠크 해 고기압 때문에 생겨요. 북태평양에서 발달한 고기압은 6월이 되면 우리나라 남쪽 바다 쪽으로 이동해 와요. 또 일본의 오호츠크 해 부근에서 발달한 오호츠크 해 고기압도 우리나라 남쪽 바다로 이동해 와요. 이 두 고기압이 남쪽 바다 위에서 만나면, 두 고기압 사이에 경계 지역인 전선이 생기는데, 이 전선을 경계 전선, 또는 장마 전선이라고 해요. 장마 전선이 세찬 태풍과 만나면 홍수가 날 정도로 많은 비가 내린답니다.

장마가 시작되겠습니다.

68 가뭄이 뭐예요?

"물 좀 아껴 써라. 지금 남부 지방은 심한 가뭄으로 먹을 물도 부족하단다."
"가뭄으로 먹을 물도 부족하다고요? 도대체 가뭄이 무엇인데요?"
가뭄은 오랫동안 비가 내리지 않아 메마른 날씨를 말해요. 반대로 여름철에 여러 날 계속해서 비가 내리는 것은 장마라고 해요.
농사철에 가뭄이 들면 농작물이 말라 죽게 돼요. 특히 벼농사에 큰 피해를 주며, 과수원이나 밭작물에도 피해를 주어요. 그러면 사람이 먹을 식량이 부족해지지요. 또 먹을 물이 부족해지고 공장들은 기계를 돌릴 수 없게 돼요.
가뭄이 심할 때는 몇 년씩 비가 오지 않기도 해요. 실제로 1974년 인도 서부 지역은 어느 곳은 3년,

어느 곳은 7년 동안 전혀 비가 내리지 않아
2천만 명이 피해를 입은 적이 있어요.
1981년 에티오피아는 극심한 가뭄으로 많은
사람들이 굶어 죽는 일이 발생하기도 했답니다.

69 번개는 왜 치나요?

우르르 쾅, 번쩍!
하늘에서 굵은 빗방울이 쏟아지고 우르릉하는 소리가 나더니 불빛까지 번쩍였어요. 우르릉 소리는 천둥이고 번쩍이는 불빛은 번개이지요.
번개는 구름과 구름, 구름과 땅 사이에서 일어나는 전기예요. 공기의 아랫부분은 더운데 윗부분은 기온이 낮아 온도 차이가 클 때 생겨요. 날이 더우면 땅에서 많은 수증기가 하늘로 올라가 소나기구름(적란운)을 만들어요. 소나기구름 속에는 얼음 알갱이와 물방울이 섞여 있어요. 땅에서 위로 올라오는 공기 때문에 구름 속 물방울이 터지면 터진 물방울은 양전기를 띠고 그 주위의 공기는 음전기를 띠게 된답니다. 그리고 양전기를 가진 물방울은 구름의 윗부분으로 올라가고 음전기를 가진 물방울은 구름의 아랫부분에 모여 있게 된답니다.

구름이 점점 더 발달하여 양전기와 음전기가 계속 많아지면 어느 순간 구름 속에서 강한 전기가 흘러 불꽃을 일으키는데, 이것이 바로 번개랍니다.

또한 구름 아랫부분에 음전기가 많아지면 음전기는 양전기가 있는 땅으로 떨어지려고 해요. 음전기가 땅으로 떨어져 양전기와 만나면 강한 빛이 발생하는데 이 빛 또한 번개랍니다.

70 벼락이 칠 때 어떻게 해야 하나요?

소나기구름 속의 음전기가 땅으로 떨어져 양전기를 만나는 순간 구름 윗부분에 있던 양전기도 땅에 있는 물체에 떨어져 내려요. 이것이 바로 벼락이에요. 벼락이 칠 때 강한 빛이 발생하는데, 이 빛이 번개랍니다. 벼락이 땅으로 떨어질 때는 무척 강한 전기를 띠어요. 그래서 벼락이 산에 떨어지면 산불이 나기도 하고, 사람에게 떨어지면 목숨을 잃기도 한답니다. 벼락은 높은 곳이나 낚싯대, 농기구, 골프채 등 전기가 잘 통하는 금속을 좋아해요. **그래서 벼락이 칠 때 금속성 물체를 몸에 지니고 있는 것은 무척 위험해요.** 특히 비가 올 때 등산을 하고 있다면 등산용 지팡이에 벼락이 칠 수 있으므로 몸에서 멀리 떼어 놓아야 한답니다.
그리고 전기는 뾰족한 부분에 많이 모이므로 산꼭대기나 전봇대 등에는 벼락이 떨어질 확률이 커요. 또 우산이나 나무처럼 위쪽으로 튀어나온 물체 역시 벼락을 유인하는 효과가 있어요. 벼락을 맞지 않기 위해서는 이러한 곳을 피해야 해요.
또 똑바로 서 있는 인체는 머리에서 발끝까지 전기가 잘 흐르므로 벼락이 치기 쉬워요. 밖에 있을 때는 주변보다 낮은 곳을 찾아 납작 엎드려 있는 것이 좋아요. 버스나 자동차를 타고 있을 때는 창문을 닫고 그대로 차 안에 있어야 해요.
건물 안에 있을 때도 밖으로 나오지 말고 안에 있는 것이 안전해요.
또 전기 기구는 코드를 뽑아놓는 것이 덜 위험하답니다.

71 천둥은 왜 치나요?

우르릉 쾅! 으악! 깜짝이야!
장마철이면 세찬 빗소리와 함께 천둥소리를 듣게 돼요. 마치 하늘에서 대포라도 쏘듯 무척 요란하지요. 천둥은 항상 함께 다니는 친구가 있어요. 바로 번개예요.

번개가 치면 강한 전기 때문에 공기의 온도가 무척 높아져요. 온도가 높아진 공기는 순식간에 부피가 늘어나는데, 이것이 바로 천둥이에요. 한마디로 천둥은 번개로 인해 공기의 온도가 높아지는 순간 공기가 부풀어 오르는 소리랍니다.

천둥과 번개는 동시에 일어나는 거예요. 그런데 번개가 친 뒤에 천둥소리를 듣게 되는 것은 빛이 소리보다 공기를 뚫고 오는 속도가 더 빠르기 때문이랍니다.

72 눈은 어떻게 만들어지나요?

♪펄펄~ 눈이 옵니다. 하늘에서 눈이 옵니다. 하늘나라 선녀님들이 송이송이 하얀 눈을 자꾸자꾸 뿌려 줍니다.♬
눈은 정말 하늘나라 선녀님이 뿌려 주는 걸까요? 아니라고요? 그럼, 어떻게 내리는 걸까요? 눈은 구름에서 만들어져요. 높은 하늘은 땅 근처보다 온도가 낮아요. 그래서 구름 속에는 수증기가 얼어 생긴 작은 얼음 알갱이가 있어요. 땅에서 올라간 수증기가 얼음 알갱이에 붙으면 얼음 알갱이는 점점 커져요. 그러면 얼음 알갱이는 무게를 이기지 못하고 땅으로 떨어져요. 떨어지면서 얼음 알갱이들끼리 서로 엉겨 붙어 커지는데, 이것이 바로 눈이랍니다.

73 눈은 왜 겨울에만 내리나요?

눈은 참 이상해요. 왜 봄·여름·가을에는 내리지 않고 언제나 겨울에만 내릴까요?
이유는 기온 때문이에요. 눈은 구름 속에 있던 얼음 알갱이가 커져 땅으로 떨어지면서 서로 엉겨 붙어 커진 거라고 했지요? 그런데 눈이 내릴 때 땅 근처의 기온이 높으면 눈은 녹아 버려 비가 된답니다. 하지만 땅 근처의 기온이 영하 1~2도 정도로 내려가면 녹지 않고 그대로 땅에 떨어져요. 그래서 눈은 추운 겨울에만 볼 수 있는 거랍니다.

영하 1~2도

74 눈도 모양이 있나요?

하얀 눈이라고 모두 같은 모양은 아니에요. 그냥 눈으로 보아서는 알 수 없고 돋보기나 현미경으로 보면 눈의 모양을 알 수 있어요.

눈은 수증기가 얼어서 생긴 것이므로 원래는 물이에요. 물이 얼면 나타나는 구조가 육각형이기 때문에 눈도 기본적 구조는 육각형이에요. 그런데 육각형에 구름의 기온이나 수증기의 양, 얼음 알갱이에 수증기가 엉겨 붙는 양에 따라 여러 모양으로 변해요. 무려 6,000가지가 넘는답니다. 눈의 모양은 기온이 높고 습도가 많을 때는 수증기가 얼음 알갱이에 잘 엉겨 붙기 때문에 여러 가지 모양이 생겨요. 하지만 기온이 낮고 건조할 때는 얼음 알갱이에 엉겨 붙는 수증기가 적기 때문에 모양이 단순하답니다.

75 눈에 따라 이름이 다를 수도 있나요?

<함박눈>

눈은 함박눈, 가루눈, 진눈깨비, 싸라기눈이 있어요. 함박눈은 바람이 없고 포근한 날에 내려요. 기온이 포근하다 보니 눈이 내리면서 일부가 녹고 다시 눈끼리 서로 엉겨붙어 눈송이가 크지요. 습기가 많아 잘 뭉쳐지기 때문에 눈사람을 만들거나 눈싸움을 할 때 좋아요.

가루눈은 무척 춥고 찬 날에 내려요. 수증기가 많지 않아 눈들이 서로 엉겨붙지를 못해 눈송이가 크지 않아요. 습도도 적어 잘 뭉쳐지지 않아요.

진눈깨비는 기온이 따뜻해 어떤 눈은 녹고 어떤 눈은 아직 녹지 않아 비와 함께 내리는 거예요.

싸라기눈은 비가 내리다 갑자기 찬바람을 만나 얼어서 떨어지는 쌀알 같은 눈이에요.

76 인공 눈은 어떻게 만드나요?

눈 위에서 즐기는 신나는 놀이하면 무엇이 떠오르나요? 여러 가지가 있겠지만 스키와 눈썰매를 빼놓을 수 없지요? 그런데 눈이 많이 안 내려 스키장에 눈이 부족하면 어떨까요? 또 눈썰매장의 눈이 녹아 신나는 눈썰매를 탈 수 없다면 어떨까요? 속상하겠지요?

하지만 염려 말아요. 다 방법이 있어요.
눈이 안 내리면 눈을 만들면 돼요.
이런 눈을 '인공 눈'이라고 해요. 먼저 물을 뿜어
내는 큰 기계로 힘차게 물을 뿜어내는 동시에
선풍기 같은 큰 기계로 바람을 일으켜요.
그러면 뿜어져 나오는 물이 아주 작은
물 알갱이가 되어 흩어지면서 찬 공기를
만나 얼어 눈이 된답니다.

77 우박은 어떻게 만들어지나요?

토톡톡, 토도독!
어머나, 하늘에서 얼음덩어리가 떨어지고 있어요!
그것도 따듯한 5월에 말이에요. 믿지 못하겠지만
실제로 일어나는 일이랍니다.
하늘에서 떨어지는 얼음덩어리는 우박이라는 거
예요. 우박은 소나기구름에서 생겨요. 소나기구름
속에는 수증기가 물방울이 되고, 이것이 얼어
생긴 작은 얼음 알갱이들이 들어 있어요.
이 얼음 알갱이들이 무거워져 떨어지다가 강한
상승 기류에 떠밀려 다시 올라가면 얼음
알갱이에 물방울이 달라붙게 돼요. 이런 과정을
여러 번 되풀이하다 보면 얼음 알갱이가 녹았다
얼었다를 반복하면서 점점 커져 얼음덩어리인

우박이 된답니다.

우박은 지름이 5밀리미터 정도 되는데, 땅으로 떨어질 때 힘이 붙어 큰 파괴력을 지닌답니다. 우박으로 제일 피해를 많이 입는 사람은 농부예요. 우박이 내리면 채소의 잎이 상하거나, 수박·호박 등의 열매에 상처가 나기도 하니까요. 심지어는 온실의 유리가 깨지거나 비닐하우스의 비닐이 찢어지기도 한답니다. 가축의 피해는 말할 것도 없고요, 경상북도 선산과 내정 등지에서는 우박에 맞아 사람이 죽기도 했답니다.

궁금한 건 못 참는 어린이 과학
날씨

초판 1쇄 발행 2024년 8월 1일

발행인 최명산 **글** 해바라기 기획 **그림** 김진경
디자인 토피 디자인실
펴낸곳 토피(등록 제2-3228) **주소** 경기도 고양시 덕양구 향동로 201, 지엘 메트로시티 1116호
전화 (02)326-1752 **팩스** (02)332-4672

이 책은 저작권법에 따라 보호받는 저작물이므로 무단 전재와 무단 복제를 금지합니다.
ⓒ 2024, 토피 Printed in Korea
ISBN 979-11-89187-28-6

이 도서의 국립중앙도서관 출판시도서목록(CIP)은 서지정보유통지원시스템(http://seoji.nl.go.kr)과
국가자료공동목록시스템(http://www.nl.go.kr/kolisnet)에서 이용하실 수 있습니다. (CIP제어번호 : 2016000690)